NOTICE HISTORIQUE

sur le

DÉPARTEMENT DE LOIR-ET-CHER

Par E. SAINDENIS

Inspecteur primaire à Blois, Officier d'Académie.

I. — PÉRIODE CELTIQUE ET PÉRIODE GALLO-ROMAINE.

Le pays que comprend aujourd'hui le département de Loir-et-Cher faisait autrefois partie du territoire des Carnutes, dont Chartres était la capitale.

Il était, comme la plus grande partie de la Gaule, couvert de forêts, dont quelques-unes subsistent encore (forêts de Fréteval, Marchenoir, Blois, Russy, Boulogne).

L'histoire de la Gaule ancienne ne mentionne ni Blois ni aucune des villes du département. Blois existait cependant, puisque des étymologistes font dériver ce mot de l'ancien gaulois *bleiz* ou *bleizian*, signifiant *loup*. Il paraît également certain que le pays était, dès cette époque, assez peuplé ; les nombreux monuments de l'époque druidique tendent à le prouver ; on trouve des dolmens, des menhirs ou des pierres fichées dans toutes les parties du département : à Saint-Hilaire-la-Gravelle, Fréteval, Thoré, Lavardin et Montoire, dans le Vendômois ; aux environs de Blois, à la Chapelle-Vendômoise et à Landes ; dans la Sologne, à Pierrefitte-sur-Sauldre et à Soings.

Blois était dans une situation trop avantageuse pour que les Romains aient pu négliger d'y établir une garnison, car le rocher, la forêt, le fleuve, permettaient une défense facile. Du reste, les ruines nombreuses qui existent encore aujourd'hui prouvent suffisamment que les maîtres du monde en ont fait une de leurs places les plus importantes; et il est probable que, sous leur domination, les forêts furent en partie défrichées, des villages furent bâtis sur les coteaux et dans les clairières, et le pays, comme tout le reste de la Gaule, put jouir de la *paix romaine*.

II. — LES INVASIONS; — LES MÉROVINGIENS. LES CAROLINGIENS.

Au IVe siècle, au moment où le christianisme s'introduisait dans le pays, les invasions le firent retomber dans la misère et la barbarie.

Au temps des fils de Clovis, il appartint partie au royaume de Paris, partie au royaume d'Orléans.

Rien de mémorable ne s'y est passé sous le règne des Mérovingiens. En 834, Louis le Débonnaire poursuivit jusqu'à Blois Lothaire, son fils rebelle, et le força à implorer son pardon.

Comme toutes les villes situées sur la Loire, Blois eut à souffrir des invasions des Normands; remontant le cours du fleuve, ces pirates dévastèrent le pays, brûlèrent les villages situés sur les deux rives, et, en 854, la ville de Blois elle-même fut livrée aux flammes.

Les habitants opposèrent aux envahisseurs une vigoureuse résistance; un grand nombre s'enrôlèrent sous les ordres du vaillant Robert le Fort, et firent subir à l'ennemi des pertes considérables, jusqu'au jour où le héros succomba à Brissarthe, en 867.

Déjà, à cette époque, le comté de Blois existait; parmi ses comtes, nous devons citer Guillaume, Eudes, le vaillant Robert le Fort, Robert, devenu roi de France et mort en 923. A cette date, le comté fut usurpé par Thibault le Tricheur, comte de Champagne, neveu du roi Robert, et la domination des comtes de Champagne commença.

Quant au Vendômois, il formait un fief possédé par

un Bouchard Ratepilact (chauve-souris). En 1033, Geoffroi Martel le rattacha au comté d'Anjou, dont il continua à faire partie.

III. — PÉRIODE FÉODALE. — DE L'AVÈNEMENT DES CAPÉTIENS A LA GUERRE DE CENT ANS.

Pendant près de deux siècles, le comté de Blois demeura la propriété des comtes de Champagne.

A Thibault le Tricheur avait succédé Eudes Ier, possesseur des comtés de Blois, de Chartres et de Tours; il fut le premier mari de Berthe de Bourgogne, qui devint plus tard la femme de Robert Ier.

Son fils, Eudes II, fut un politique habile; il s'intitulait comte par la grâce de Dieu, et ne craignit pas d'écrire au roi de France, Henri Ier : « Je tiens mes » domaines, non de votre libéralité, mais de la succes- » sion de mes ancêtres. »

L'un de ses successeurs les plus illustres, Henri-Etienne, épousa la fille du roi d'Angleterre, Guillaume le Conquérant; il était extrêmement riche et possédait, paroit-il, autant de châteaux qu'il y a de jours à l'année. L'un de ses fils, Etienne de Blois, devint roi d'Angleterre.

Avec Thibault VI, mort en 1218, finit la seconde maison des comtes de Blois, et Hugues de Châtillon devint maître du pays.

Quelques-uns de ses successeurs furent assez illustres, entre autres Jean Ier, qui affranchit les habitants du bourg des Montils et fut inhumé au monastère de la Guiche. Le comte Louis fut un de ces brillants chevaliers qui trouvèrent la mort sur le champ de bataille de Crécy, et l'un de ses fils fut otage du roi Jean le Bon.

La maison de Châtillon cessa de posséder le comté de Blois, en 1391, date à laquelle Louis d'Orléans, frère de Charles VI, l'acheta moyennant 200.000 francs d'or; il fit son entrée solennelle à Blois, le 31 août 1403.

Pendant la période féodale, le Vendômois, propriété des Plantagenets, avait appartenu à la couronne d'Angleterre. Il avait été ravagé par les troupes de Philippe-Auguste qui, en 1194, avait subi une défaite à Fréteval. En 1204, par suite de la confiscation des biens de Jean-sans-Terre, le Vendômois avait été réuni au domaine royal. Il devint le théâtre de nouveaux combats pendant la régence de Blanche de Castille ; en 1227, cette princesse signa à Vendôme, avec les seigneurs révoltés, un traité de paix auquel on donna le nom d'*accommodement de Vendôme*.

IV. — DE PHILIPPE VI AUX GUERRES DE RELIGION.

Le pays compris entre le Loir et le Cher eut beaucoup à souffrir pendant la guerre de Cent ans. Les Anglais le couvrirent de ruines, brûlèrent le château de Bury et le couvent de Pontlevoy.

En 1356, le prince de Galles s'empara de Romorantin, ravagea la Sologne, détruisit presque entièrement Mennetou et s'avança jusqu'aux portes de Blois. Six ans après, en 1362, Vendôme tomba également entre les mains des Anglais. Le peuple était dans une misère profonde, manquant de tout et ne trouvant de sécurité nulle part. Les guerres civiles ne causaient pas moins de ruines que la guerre étrangère ; le comte de Blois, Louis d'Orléans, en fut une des victimes les plus illustres ; en 1407, il fut assassiné par le duc de Bourgogne, Jean-sans-Peur, et sa veuve, Valentine de Milan, vint cacher sa douleur dans le château de Blois, où elle mourut, en 1408, « de courroux et de deuil. »

A la bataille d'Azincourt (1415), le nouveau comte de Blois, Charles d'Orléans, fut fait prisonnier et emmené en Angleterre, en même temps que le comte de Vendôme, Louis de Bourbon. Celui-ci put s'évader et regagner ses domaines au bout de douze ans ; quant à Charles d'Orléans, il resta vingt-cinq ans en captivité ; en 1440, il revint habiter Blois, où il mourut en 1466. Il a laissé la réputation d'un prince vaillant, pieux et charitable ; ses compositions correctes et gracieuses lui assurent un rang distingué parmi nos anciens poètes français.

Après le traité de Troyes, Blois fut une des rares villes qui restèrent fidèles à Charles VII, le roi de Bourges ; la ville fut assiégée par les Anglais, mais Dunois la défendit avec un héroïsme que couronna le succès. Jeanne d'Arc vint à Blois, y fit bénir sa bannière, et de là se dirigea sur Orléans, en suivant la rive gauche de la Loire. Le souvenir du passage de l'héroïne lorraine est resté dans le pays, qui fournit à l'armée de Charles VII des vivres et des munitions de toute sorte.

Après avoir joui d'un peu de calme pendant la seconde partie du règne de Charles VII, le pays fut encore troublé au commencement du règne de Louis XI, par la guerre du Bien public. Un grand nombre de seigneurs avaient pris parti contre le roi; celui-ci les combattit et fit raser le château de Chaumont, propriété de Pierre d'Amboise, sire de Chaumont, l'un des rebelles.

Ce fut à Blois, sa ville natale, que Louis d'Orléans fut, à la mort de Charles VIII, proclamé roi sous le nom de Louis XII, et qu'il prononça ces belles paroles : « Ce n'est pas au roi de France à venger les injures du » duc d'Orléans. »

En 1499, Louis XII rendit l'ordonnance de Blois, qui apportait une grande amélioration dans la justice et dans l'administration du royaume. Pendant tout son règne, Blois fut son séjour de prédilection, et il en fit comme la seconde capitale du royaume.

C'est là que furent signés les traités de Blois. — Celui de 1504 donnait à Charles, petit-fils de Maximilien d'Autriche, la main de Claude de France, fille du roi, avec les duchés de Milan, de Bretagne et de Bourgogne pour dot; mais les États de Tours refusèrent d'accepter ce traité funeste et en prononcèrent l'annulation. Le second, conclu en 1505, était moins désastreux; il stipulait seulement l'abandon du royaume de Naples, dont la possession importait peu à la France; cet abandon était du reste compensé par le mariage d'une princesse française, Germaine de Foix, avec Ferdinand.

En 1514, Anne de Bretagne mourut à Blois, emportant avec elle les regrets de toute la population. Louis XII, on le sait, ne lui survécut qu'un an et mourut en 1515.

Pendant que, sous la domination du duc d'Orléans, devenu roi de France, la ville de Blois était heureuse, la ville de Vendôme, elle aussi, voyait s'accroître son importance, grâce à la sollicitude d'une princesse de la maison de Bourbon, Marie de Luxembourg; c'est elle qui fit établir dans cette ville de nombreuses manufactures de draps, de serge, de gants et des ateliers de broderie; c'est encore elle qui fit reconstruire l'abbaye de la Trinité, avec sa magnifique église, et l'église de Saint-Martin.

Quant à Romorantin, il était toujours la propriété de la maison d'Angoulême, et ne fut réuni à la couronne qu'à l'avènement de François Ier, qui conserva toujours pour cette ville une certaine préférence. Il l'habita souvent et en fit rebâtir le château, occupé aujourd'hui par la sous-préfecture. C'est à Romorantin qu'il faillit perdre la vie en assiégeant, par manière de jeu, dans son hôtel, le jour des Rois de l'année 1521, le seigneur que le hasard avait désigné comme roi de la fève. Le roi habita également à diverses reprises le château de Blois; il fit construire Chambord, que Charles-Quint lui-même dut proclamer « un abrégé de ce que peut effectuer l'industrie humaine. » — D'après la tradition, mille huit cents ouvriers y travaillèrent pendant douze ans.

Le successeur de François Ier, Henri II, signa à Blois l'édit de 1552, divisant le royaume en 17 grandes généralités financières.

C'est à Blois que devait éclater le complot ourdi par la Renaudie; mais les Guises, avertis, se retirèrent avec le jeune roi François II au château d'Amboise. La ville put ainsi échapper au triste spectacle que devait offrir la répression de la *Conjuration d'Amboise*, le premier acte sanglant de nos terribles guerres de religion. Néanmoins la cour ne quittait point la vallée de la Loire, devenue comme le centre du royaume, et à Romorantin, dans le château de François Ier, l'illustre chancelier de l'Hôpital fit rendre l'édit de 1560, favorable à la tolérance religieuse.

V. — LES GUERRES DE RELIGION.

Les guerres de religion plongèrent le pays dans la plus affreuse misère. Sous le règne de Charles IX, Blois fut plusieurs fois pillé, saccagé, tantôt par les protestants, tantôt par les catholiques; Mer eut le même sort, et les campagnes eurent à subir les ravages continuels des bandes ennemies.

Catherine de Médicis affectionnait particulièrement le château de Blois, et, comme son fils Charles IX, elle y fit de fréquents séjours. La ville put cependant échapper aux désordres qui suivirent le massacre de la Saint-Barthélemy; mais, sous le successeur de Charles IX, Henri III, elle fut le théâtre de graves événements.

En 1576, les États-Généraux se réunirent une première fois au château, dans la salle des États; le but de cette réunion était la pacification des esprits; on n'y parvint pas; mais les députés purent déjà y faire entendre des plaintes et des doléances, qui aboutirent à l'édit de 1579, réorganisant la justice, les finances et la police générale.

Douze ans après, en 1588, les États se réunirent de nouveau; c'est alors que se passa ce drame terrible, unique dans notre histoire, l'assassinat de Henri de Guise par les ordres du roi de France Henri III.

Henri de Guise, le vrai chef de la Ligue, le vrai souverain de Paris, dont il avait chassé Henri III, avait osé venir lui-même à Blois braver le prince, et, ivre de ses succès, fier de l'appui de ses partisans, qui dominaient les États, il croyait être le maître à Blois comme il l'était dans la capitale. Mais Henri III, mettant à profit les leçons qu'il avait reçues de sa mère, résolut de s'affranchir d'une domination qui lui pesait lourdement. C'est avec un art perfide qu'il prépara l'attentat qui devait le délivrer de son ennemi. Le 22 décembre 1588, Guise reçut un premier avertissement : « Donnez-vous de garde, lui avait écrit une main amie, on est sur le point de vous jouer un mauvais tour. » — « On n'oserait, » répondit-il. Mais Henri III comptait sur quarante-cinq gentilshommes, qui formaient sa garde, et qu'il avait postés dans son cabinet. Le 23 décembre, au matin, le duc de Guise arrive au conseil; le roi le fait appeler; il passe au milieu des quarante-cinq et se dirige vers le cabinet; dans la chambre même du roi, les assassins se jettent sur lui et le percent de leurs poignards; Guise, en se débattant, entraîne ses meurtriers jusqu'au bout de la chambre, où il expire.

Le lendemain, son frère, le cardinal de Lorraine, eut le même sort.

« C'est bien coupé, mon fils, mais il faut recoudre, » avait dit à son fils la vieille Catherine de Médicis, lorsqu'après son crime il était descendu dans ses appartements pour s'en vanter. Henri III n'eut pas le temps de suivre ce conseil ; le 2 août 1589, il tombait lui-même, assassiné par le moine fanatique Jacques Clément.

A Henri III succéda Henri de Bourbon, possesseur du comté de Vendôme ; mais Henri IV dut reconquérir sur les Ligueurs ses propres domaines ; après beaucoup d'efforts, il rentra en possession de Vendôme, et entra à Blois en 1593.

Plus tard il abandonna le duché de Vendôme à César de Vendôme, son fils naturel, qui fut le fondateur d'une maison princière dont sortit un des plus illustres généraux de Louis XIV, le duc de Vendôme, le vainqueur de Villaviciosa.

VI. — DE LOUIS XIII A LA RÉVOLUTION.

Le château de Blois, abandonné par la cour pendant le règne de Henri IV, devint, en 1617, après l'assassinat de Concini, la résidence de Marie de Médicis. Elle n'y séjourna que deux ans, et, en 1619, trompant la surveillance que le roi son fils avait établie autour d'elle, elle réussit à s'échapper du château pour recommencer la guerre civile.

Gaston d'Orléans, son fils, s'y retira à son tour ; c'est là qu'il ourdit contre le tout-puissant cardinal Richelieu ces intrigues qui n'aboutirent à aucun résultat sérieux. Gaston d'Orléans fit quelque chose de plus utile ; par ses soins furent élevées ces belles constructions, qui attirèrent dans la contrée des ouvriers étrangers et donnèrent du pain aux familles pauvres du pays.

Pendant la Fronde, Louis XIV et la reine-mère restèrent une semaine à Blois, sous la protection d'une armée commandée par Turenne et d'Hocquincourt.

En 1685, la révocation de l'édit de Nantes vint ruiner en partie l'industrie de Blois, par suite du départ d'un grand nombre de protestants, au nombre desquels se trouvait l'illustre Denis Papin. Romorantin, où les protestants avaient établi beaucoup de manufactures de draps, vit également décroître sa prospérité. En 1697, l'évêché de Blois fut créé par Louis XIV.

Sur la fin du grand règne, le pays eut beaucoup à souffrir, comme tout le reste de la France. En 1700, le duc d'Anjou, allant prendre possession du trône d'Espagne, passa à Blois avec ses deux frères. Pendant l'hiver de 1709, les vignes furent gelées dans toute la partie située au sud de la Loire et les faux dégels firent périr tous les blés de la Beauce : une affreuse disette désola encore une fois le pays.

VII. — LA RÉVOLUTION.

Quand en 1789 furent élus les députés aux États Généraux, le pays était en proie aux horreurs de la famine, et la ville de Blois fut reconnaissante au célèbre Lavoisier, seigneur de Fréchines, du prêt de 50.000 francs qu'il consentit à faire, sans intérêt, pour achat de denrées destinées aux habitants.

Les députés élus à Blois furent le curé de Saint-Honoré pour le clergé, Alexandre de Beauharnais pour la noblesse, et l'avocat Dinocheau pour le tiers état.

Le 14 juillet 1790, la fête de la Fédération fut célébrée avec le plus grand éclat.

En 1792, quand la patrie fut déclarée en danger, le Loir-et-Cher fournit un grand nombre de volontaires, désireux de contribuer à la défense nationale.

En novembre de la même année, il y eut à Vendôme, à Blois et à Mer quelques troubles, au sujet de la taxe du blé et du pain; trois membres de la Convention furent envoyés à Blois pour calmer les esprits; c'était Longchamps, Villers et Couthon.

En mars 1793, Tallien vint publier une réquisition générale de tous les hommes en état de porter les armes, pour réprimer l'insurrection de Vendée.

Et enfin, sous le Directoire, en 1796, Vendôme fut le siège d'une haute cour instituée pour juger les auteurs d'une conspiration communiste tramée à Paris. Sur quarante-sept accusés, deux seulement, Babœuf et Darthe, furent condamnés à mort. Tous deux se frappèrent d'un poignard à l'audience et furent, le lendemain, portés sanglants à l'échafaud.

VIII. — DE LA RÉVOLUTION A NOS JOURS

Aux triomphes de l'Empire avaient succédé les désastres, et la ville de Blois devait voir la fin de ce régime. Le 2 avril 1814, quatre jours avant l'abdication de Napoléon, l'impératrice Marie-Louise, le roi de Rome, Joseph et Jérôme Bonaparte, les ministres et les dignitaires de la cour impériale arrivèrent à Blois afin d'y organiser une régence. Mais, au bout de quelques jours, cette régence fut dissoute, et un envoyé des souverains alliés vint chercher l'impératrice Marie-Louise, qui partit pour l'Autriche avec le roi de Rome, pendant que Napoléon s'acheminait vers l'île d'Elbe.

L'année suivante, après le désastre de Waterloo, la ville de Blois vit s'accomplir le licenciement de l'armée de la Loire.

En 1870, le département de Loir-et-Cher fut le théâtre des efforts héroïques de Chanzy contre les armées prussiennes. Les 7, 8, 9 et 10 décembre, s'appuyant d'abord sur la forêt de Marchenoir, il les battit à Josnes et à Villarceau et leur infligea des pertes sérieuses. Mais les Prussiens, déjà maîtres de la rive gauche de la Loire, réussirent à occuper Mer, puis Blois, où ils entrèrent le 13 décembre 1870. Le même jour, après des marches difficiles, par des mauvais temps et des chemins défoncés, Chanzy put arriver à Vendôme, autour duquel la lutte recommença dès le 15. Malgré des succès à Fréteval et à Sainte-Anne, Chanzy dut abandonner Vendôme et se retirer sur la Sarthe.

Le désastre du Mans, la capitulation de Paris et les malheurs épouvantables de l'armée de l'Est devaient rendre stériles ces derniers efforts accomplis sur le territoire du département de Loir-et-Cher.

LES PERSONNAGES REMARQUABLES

DU DÉPARTEMENT DE LOIR-ET-CHER

Par E. SAINDENIS,

Inspecteur primaire à Blois, Officier d'Académie.

I. — ÉCRIVAINS

MATTHIEU DE VENDÔME. — Né à Vendôme vers le milieu du XIIe siècle, le poète Matthieu prit, selon l'usage du temps, le nom de sa ville natale. Il fut appelé à Tours par l'archevêque Barthélemy, son compatriote.

C'est à lui qu'il dédia *Tobie*, son poème principal ; comme toutes les œuvres de Matthieu de Vendôme, cet ouvrage ne présente guère d'intérêt que pour l'histoire littéraire.

Matthieu de Vendôme a en outre laissé un *Art poétique*, un *Traité de grammaire*, et divers autres ouvrages qui sont aujourd'hui tombés dans l'oubli.

PIERRE DE BLOIS. — La ville de Blois a donné à une de ses rues le nom de Pierre de Blois, un de ses plus illustres enfants, qui y naquit en 1130.

Homme d'État, historien, théologien, écrivain distingué, Pierre de Blois séjourna assez longtemps en Sicile, où les Français étaient nombreux à cette époque. Il a laissé de cette île un portrait peu flatteur : « Je vois « bien comment on y entre, dit-il, mais je ne vois pas « comment on en sort. » Et il ajoute : « Deux choses « me rendent le pays odieux, le mauvais air du pays, « la méchanceté des habitants. »

En 1175, Pierre de Blois passa en Angleterre, et

devint conseiller privé du roi Henri II, qu'il défend énergiquement contre l'accusation d'avoir fait assassiner Thomas Becket, archevêque de Cantorbéry.

L'ouvrage le plus intéressant de Pierre de Blois est le recueil de ses lettres. Avec une liberté de parole assez rare en son siècle, il y critique les abus, les scandales du clergé, dont il défend cependant les immunités avec vigueur. Il fait de la chevalerie et des chevaliers un portrait peu flatteur, reprochant aux nobles de « faire peindre des combats et des batailles sur leurs « écus et les harnais de leurs chevaux uniquement par « ostentation et pour le plaisir de les regarder, car ils « évitent tant qu'ils peuvent d'en venir aux mains. » Remarquons aussi qu'il fait une critique très juste et très sensée de l'éducation vide et subtile de son époque.

C'est en Angleterre, vers l'an 1200, que mourut Pierre de Blois; il était resté le conseiller fidèle du fils de Henri II, et c'est au nom d'Éléonore de Guyenne, veuve de Henri II, qu'il écrivit au pape Célestin III pour l'engager à concourir à la délivrance de Richard-Cœur-de-Lion, roi d'Angleterre, retenu prisonnier par le duc d'Autriche.

RONSARD. — Le poète Pierre de Ronsard est né à la Poissonnière, près de Vendôme, le 11 septembre 1524; il est mort à Saint-Côme-en-Touraine, le 27 décembre 1585.

Son père était maître d'hôtel de François Ier, qu'il avait accompagné à Madrid pendant sa captivité. Envoyé à Paris au collège de Navarre, le jeune Ronsard n'y resta que six mois. Il abandonna ses études pour s'attacher en qualité de page au duc d'Orléans, Charles. C'est en Écosse, à la cour de Jacques V, époux de Marie de Lorraine, qu'il commença son éducation politique.

En 1542, à 18 ans, Ronsard fut atteint de surdité; il consacra sept années à de fortes études, et en 1550 il publia ses premières œuvres, dont quatre livres d'odes. Le succès fut éclatant; le parlement et le peuple de Toulouse lui envoyèrent une Minerve d'argent massif, et, dit un de ses biographes, « il n'était en France aucun « grand seigneur qui ne fût fier de son amitié; le roi

« lui-même s'estimait très honoré d'avoir un si bel
« esprit dans son royaume. »

Le chef de la Pléiade fut vraiment un poète. Les défauts de ses œuvres ne doivent pas en faire oublier les brillantes qualités; la pensée pleine d'éclat est rendue avec une richesse d'expression remarquable. S'il a échoué dans l'épopée et dans l'églogue, il est supérieur dans l'élégie et surtout dans le sonnet et l'ode légère. Il partage avec ses amis de la Pléiade le mérite d'avoir conçu le dessein d'enrichir, de vivifier notre littérature par l'imitation des œuvres antiques.

Ronsard n'avait pas moins de cœur que d'esprit. Son *Discours sur les misères du temps*; ses *Remontrances au peuple de France*, prouvent une compassion profonde pour le pauvre pays de France, désolé et ravagé.

THIERRY (Augustin). — La ville de Blois s'honore d'avoir donné le jour à un de nos plus célèbres historiens, Thierry (Jacques-Nicolas-Augustin), qui y est né en 1795.

Après avoir commencé ses études au collège de sa ville natale, Augustin Thierry les perfectionna à l'Ecole normale supérieure, dont il fut un des plus brillants élèves.

Devenu secrétaire de Saint-Simon, le jeune Augustin Thierry apprit à l'école de ce grand maître à envisager l'histoire à un point de vue élevé et vraiment philosophique.

Dès 1825, il publia son premier ouvrage, l'*Histoire de la Conquête de l'Angleterre par les Normands*, dans lequel il inaugura un genre nouveau; les chroniques sont rectifiées par les manuscrits et les vieilles chartes, éclairées par l'archéologie et les données modernes sur les races, leurs migrations. C'est un tableau vrai, concis, animé par un style poétique; en un mot, c'est l'histoire en épopée.

L'année suivante, Augustin Thierry devint aveugle et paralytique; cette double infirmité ne l'empêcha pas de continuer à travailler, et de publier les ouvrages suivants: en 1827, les *Lettres sur l'Histoire de France*; en 1834, *Dix ans d'études historiques*; et en 1840, les *Récits des temps mérovingiens*.

Les idées politiques d'Augustin Thierry peuvent se résumer ainsi : un gouvernement quelconque, avec la plus grande somme possible de garanties individuelles et le moins possible d'action administrative. Tous ses ouvrages révèlent une haine profonde du despotisme militaire et des tyrannies révolutionnaires.

Augustin Thierry avait 35 ans, quand, en 1830, les portes de l'Institut lui furent ouvertes. Plus tard, il fut chargé par Guizot de publier dans la collection des documents inédits de l'histoire de France les monuments de l'histoire du Tiers-État ; il se mit à l'œuvre avec ardeur, et en 1853 fit paraître son bel ouvrage : *Essai sur l'histoire de la formation et des progrès du Tiers-État*, dans lequel il montre l'origine et la marche de ces révolutions intérieures qui, des communes affranchies, firent sortir le Tiers-État, et du Tiers-État, la nation.

Augustin Thierry vécut encore trois années ; et en 1856 mourut celui qui avait dit : « Aveugle et souffrant « sans espoir et presque sans relâche, je puis rendre « ce témoignage, qui, de ma part, ne sera pas suspect ; « il y a au monde quelque chose qui vaut mieux que la « puissance matérielle, mieux que la fortune, mieux « que la santé même, c'est le dévouement à la science. »

Le musée de Versailles possède un buste d'Augustin Thierry, exécuté par M. Iselin, sur l'ordre du gouvernement ; et la ville de Blois a donné à son collège communal le nom d'Augustin Thierry, l'un des plus illustres de ses enfants.

THIERRY (Amédée). — Moins illustre que son frère Augustin, Thierry (Amédée-Simon-Dominique) est né à Blois en 1797 et est mort à Paris en 1873.

A 23 ans, il fut nommé rédacteur au ministère de la Marine. D'après les conseils de son frère, il entreprit de faire connaître les origines de notre histoire nationale, les populations primitives, les races qui s'y sont établies, et en 1828 il fit paraître un important ouvrage ayant pour titre *Histoire des Gaulois*.

Ces travaux valurent à Amédée Thierry une chaire d'histoire à la Faculté de Besançon ; mais son libéralisme devint suspect, et le cours fut suspendu.

Sous le règne de Louis-Philippe, Amédée Thierry fut nommé préfet de la Haute-Saône, et c'est avec la plus touchante cordialité qu'il donna l'hospitalité dans son hôtel de Vesoul à son frère Augustin, devenu aveugle et paralytique.

En 1838, il fut nommé maître des requêtes au Conseil d'État, dont il fit partie sous la République et sous l'Empire.

Comme historien, Amédée Thierry s'attache à présenter les faits historiques étudiés avec soin dans les sources, sous une forme naïve et imagée, qui instruit et charme tout à la fois.

BASCHET (Armand). — Armand Baschet, écrivain célèbre, est né à Blois en 1829, et mort à Paris le 26 janvier 1886.

Fils d'un médecin, Baschet se rendit à Paris pour y étudier la médecine, après avoir fait ses premières études au Prytanée de Ménars ; mais les cours de l'École des Chartes, qu'il suivait en qualité d'auditeur libre, avaient pour lui plus d'attrait que ceux de la Faculté, et la société d'élite qui l'avait accueilli développa bien vite son goût naturel pour les lettres.

En 1852, à 23 ans, Armand Baschet publia une charmante étude sur Balzac : *Essai sur l'homme et sur l'œuvre*. De 1850 à 1855, divers journaux politiques, *la Presse*, *Paris*, le comptèrent parmi leurs collaborateurs.

C'est pour donner satisfaction à ce goût des recherches savantes que lui avaient inspiré les cours de l'École des Chartes, que Baschet entreprit à travers l'Europe ses nombreux voyages, visitant tour à tour la Dalmatie, l'Albanie, le Monténégro, la Hongrie, l'Angleterre, et surtout Venise et toute l'Italie. Avec une ardeur infatigable, Baschet fouilla les archives de ces divers pays, et sut en tirer des documents très intéressants, dont la publication eut un immense succès.

Parmi les ouvrages de Baschet, citons surtout *la Diplomatie vénitienne*, ouvrage qui projette des lumières nouvelles sur de nombreux personnages historiques, notamment sur Philippe II et Charles-Quint. Les documents relatifs à la régence de Marie de Médicis et au règne de Louis XIII ne sont pas moins précieux.

Une intéressante étude sur Armand Baschet et son œuvre a été publiée en 1888 par son compatriote et son ami, M. le docteur Dufay, sénateur de Loir-et-Cher.

II. — SAVANTS ET ÉRUDITS

DUPONT (Denis). — Le savant jurisconsulte Denis Dupont est né à Blois à la fin du xv⁰ siècle.

C'est avec le plus grand succès qu'il exerça dans sa ville natale la profession d'avocat ; il acquit une telle réputation de savoir, que le roi Louis XII le chargea, avec trois de ses concitoyens, de rédiger une *Coutume du Blaisois*, pour en former un corps de législation. Denis Dupont fit de ces coutumes un commentaire latin, dont son fils publia les neuf premiers chapitres en 1556.

RENEAULME (Paul). — Paul Reneaulme, botaniste, dont le nom a été donné à une des avenues de Blois, est né dans cette ville en 1560 ; il y est mort en 1624.

D'abord médecin, Paul Reneaulme conçut une véritable passion pour l'étude des sciences naturelles ; et c'est dans le but de s'y fortifier qu'il visita la Suisse, l'Italie et les Alpes.

En 1590, il devint médecin du prince de Condé ; il put alors se consacrer à ses études favorites ; et en 1606 il publia un *Traité de médecine*, dans lequel il prouve que les agents chimiques sont d'un grand secours dans la pratique. Ce n'était pas l'avis de la Faculté ; aussi Paul Reneaulme se vit-il inquiété et forcé de faire une rétractation publique de ses doctrines médicales, qu'il promit de ne plus appliquer ; mais, comme la vérité est plus forte que l'erreur, il viola ses engagements, et un arrêt du Parlement prononça contre lui une nouvelle condamnation.

En 1611, il publia un *Traité sur l'histoire des plantes*, dans lequel il caractérise chaque genre d'après l'observation des différentes parties de la plante.

Paul Reneaulme eut le mérite de saisir un grand nombre des considérations sur lesquelles le savant botaniste Linné fixa son système plus d'un siècle après lui.

PAPIN (Denis). — Issu d'une famille protestante, Denis Papin, fils d'un médecin, est né à Blois vers le milieu du xviie siècle. Il embrassa la carrière de son père et s'établit à Paris ; mais il s'occupait plus encore de sciences physiques que de médecine, et dès 1681, retiré à Londres, il publia son premier ouvrage: *Manière d'amollir les os et de faire cuire la viande en peu de temps et à peu de frais*. La découverte se basait sur ce principe, qu'en soumettant l'eau à une pression de 3 ou 4 atmosphères on peut l'amener à une température de plus de 100 degrés.

L'année suivante, l'ouvrage fut publié en France, où Denis Papin était revenu ; mais, dès 1685, il dut quitter sa patrie, chassé par la révocation de l'Edit de Nantes, et se réfugia à Marbourg (Hesse-Cassel).

C'est dans l'exil que Denis Papin continua ses recherches. En 1695, il avait trouvé la théorie de la machine à vapeur et il réussit à répandre dans tout le monde savant la connaissance du puissant moteur, dont il semble avoir pressenti le magnifique avenir. Pendant 12 ans, il chercha le moyen de perfectionner ses machines, de façon à obtenir un appareil d'un jeu régulier, et il était arrivé à obtenir de précieux résultats.

C'est à Marbourg, en 1714, que mourut dans un état voisin de la misère, après avoir employé ses dernières ressources à la réalisation de son rêve, cet homme qui a la gloire d'avoir doté l'humanité d'une invention si précieuse.

Blois s'est honoré en donnant à sa plus belle rue le nom de Denis Papin, dont la statue, élevée en 1880, domine toute la ville.

LENOIR. — Etienne Lenoir, savant mathématicien, ingénieur distingué, est né à Mer en 1744 et mort à Paris en 1832.

On ne connaît guère sa vie ; mais ses travaux sont rès importants ; citons surtout les instruments employés ar Méchain et Delambre pour la mesure de l'arc du éridien, le mètre étalon déposé aux archives, et les nstruments nécessaires à La Pérouse, à d'Entrecaseaux et Baudin pour leurs voyages autour du monde.

JOHANNEAU. — L'antiquaire Eloi Johanneau est né à Contres en 1770, et mort à Paris en 1851.

D'abord professeur au collège de Blois, Johanneau prit ensuite la direction d'un pensionnat, et fut le fondateur du Jardin des Plantes de Blois. Il hérita de la bibliothèque de La Tour d'Auvergne, son ami, et contribua à l'établissement de la Société des antiquaires de France. En 1806 et en 1807, il fit de nombreux voyages pour étudier les antiquités nationales, et fut nommé conservateur des monuments d'art des résidences royales, fonction qu'il n'abandonna qu'en 1848.

On doit à Johanneau de nombreuses études philologiques très intéressantes.

PARDESSUS. — Pardessus (Jean-Marie), célèbre jurisconsulte, est né à Blois en 1772 et est mort à Paris en 1853.

Issu d'une famille de magistrats, Pardessus fut d'abord avocat, puis juge suppléant dans sa ville natale; en 1805, il devint adjoint au maire, puis membre du Corps législatif choisi par le Sénat.

Malgré ses nombreux travaux administratifs et politiques, Pardessus ne négligeait aucunement le droit, qu'il aimait avec passion. Dès 1806, il fit paraître le *Traité des servitudes*; trois ans plus tard, le *Traité des Contrats et des Lettres de change*. C'est en 1811 que fut publié son chef-d'œuvre, *le Cours de droit commercial*.

En 1815, Pardessus fut élu député; en 1820, il fut remplacé; il demeura toujours l'ami de Villèle, dont il partageait les idées politiques. L'avènement du ministère Polignac en 1830 l'effraya; royaliste sans exaltation, il prévoyait que ce retour aux affaires des hommes du passé allait faire sombrer la monarchie des Bourbons. Il demeura cependant toujours fidèle au souvenir de ceux-ci, et après 1830 il renonça définitivement à la vie politique, consacrant tout son temps aux travaux de l'Académie des Inscriptions et à la réédition de ses nombreux ouvrages.

LA SAUSSAYE. — La Saussaye (Jean-François de Paule, Louis de), archéologue français, est né en 1801 et est mort en 1878.

Garde du corps sous la Restauration, de la Saussaye fut nommé percepteur à Blois, et conserva ses fonctions jusqu'en 1830. Un riche mariage qu'il fit lui permit de se démettre de sa perception et de consacrer tout son temps à des recherches savantes.

Dès 1836, il obtint une médaille pour son ouvrage intitulé *Histoire de la Sologne blaisoise*. En 1842, il donna la *Numismatique de la Gaule Narbonaise*, et en 1845 il devint membre de l'Académie des Inscriptions et Belles-Lettres.

Nommé en 1855 recteur de l'académie de Poitiers, il échangea cette résidence contre celle de Lyon.

L'histoire locale lui doit plusieurs publications, entre autres :

L'Histoire du Château de Chambord, 1837 ; *l'Histoire du Château de Blois*, 1840 ; *l'Histoire de la ville de Blois*, 1846 ; *les Antiquités de la Sologne blaisoise*, 1848.

La Saussaye fut jusqu'à sa mort un des collaborateurs les plus assidus des *Annales de l'Institut archéologique de Rome* et des *Mémoires de la Société des antiquaires de France*.

III. — HOMMES D'ÉTAT ET PERSONNAGES POLITIQUES

AMBOISE (Georges d'). — C'est au château de Chaumont-sur-Loire, en 1440, que naquit Georges d'Amboise, qui fut cardinal et ministre de Louis XII.

Si Georges d'Amboise n'a pas laissé comme ministre un nom aussi illustre que Richelieu ou Mazarin, on peut cependant dire qu'il rendit de grands services à notre pays. Au milieu des embarras des guerres d'Italie, il sut administrer avec une telle sagesse, que non seulement les impôts ne furent pas augmentés, mais qu'on put les réduire d'un dixième. Il mit de l'ordre dans les finances, opéra de grandes réformes dans la législation et la procédure, et prit des mesures sévères contre la vénalité des charges.

Choisi par Louis XII pour gouverner le Milanais, en 1500, Georges d'Amboise sut réparer les fautes de Trivulce, et rétablir l'influence française dans tout le nord de l'Italie. A la mort d'Alexandre VI, le cardinal d'Amboise, avec l'appui du roi de France, fut mis sur les rangs pour recueillir la succession du souverain pontife; mais il eut le tort de placer sa confiance dans le cardinal de la Rovère, qui le trompa, et se fit élire sous le nom de Jules II.

Le cardinal d'Amboise mourut en 1510, en laissant une réputation d'homme honnête, désintéressé, et de vrai patriote.

MORVILLERS. — Jean de Morvillers, homme d'État, est né à Blois en 1506, et mort en 1577.

Entré d'abord dans la magistrature, il reçut l'évêché d'Orléans au retour d'une ambassade à Vienne, prit une part active aux discussions du colloque de Poissy, puis du concile de Trente (1562), et l'année suivante réussit à conclure un traité entre Charles IX et la reine d'Angleterre, Elisabeth.

En 1568, après la retraite du chancelier Michel de l'Hôpital, de Morvillers fut nommé garde des sceaux, et pendant deux ans il conserva ces fonctions délicates, dans l'accomplissement desquelles il se montra constamment partisan de la paix; comme son illustre prédécesseur, il s'honora, dans un temps de fanatisme religieux, par une sage tolérance à l'égard des protestants.

La Bibliothèque nationale possède des ouvrages manuscrits de Jean de Morvillers; la plupart ont rapport aux négociations dont il fut chargé.

ROBERTET (Florimond). — La ville de Blois a donné à l'une de ses rues le nom de Florimond Robertet; c'est que si celui-ci n'a pas vu le jour dans le Loir-et-Cher, il a vécu longtemps à Blois, où il est mort en 1522.

Né à Montbrison, Florimond Robertet était conseiller à la Chambre des comptes de Forez lorsque Charles VIII l'appela aux hautes fonctions de trésorier de France et de secrétaire des finances; c'est avec un dévouement sans bornes, une intégrité absolue, que Robertet s'acquitta de la tâche qui lui était confiée.

En 1492, avant l'expédition d'Italie, Florimond Robertet fut chargé par Charles VIII de signer avec le roi d'Angleterre Henri VII le traité d'*Etaples*; il accompagna son maître dans cette campagne plus brillante qu'utile.

Après la mort de Charles VIII, Florimond Robertet conserva auprès de son successeur Louis XII le même crédit; il fut admis dans le conseil du roi; et plus tard, en 1519, François Ier, successeur de Louis XII, le chargea d'aller à Montpellier négocier avec les envoyés de l'Espagne la restitution de la Navarre.

CHEVERNY (Comte de) — Philippe Hurault, comte de Cheverny, ministre et magistrat, est né à Cheverny en 1528, d'une ancienne famille de Bretagne.

Conseiller au Parlement de Paris, maître des requêtes, il fut chargé de plusieurs missions par Catherine de Médicis, dont il accompagna le fils, Charles IX, dans son voyage à travers les provinces. Très estimé du duc d'Anjou (plus tard Henri III), il le suivit dans ses campagnes, et assista aux batailles de *Jarnac* et de *Moncontour*.

En 1578, après l'avènement de Henri III, le comte de Cheverny reçut les sceaux; il fut disgracié après la journée des *Barricades*, parce qu'il était soupçonné d'entretenir des intelligences avec les Ligueurs.

Henri IV le réintégra dans ses fonctions de garde des sceaux qu'il conserva jusqu'à sa mort.

Philippe de Cheverny a laissé des Mémoires d'Etat, dans lesquels, sans doute à cause de sa prudence et de sa réserve d'homme d'Etat, il ne donne aucun détail sur la Saint-Barthélemy.

PONTCHARTRAIN. — Paul Phélipeaux, seigneur de Pontchartrain, homme d'Etat, est né à Blois en 1569.

Fils d'un conseiller au présidial de Blois, Pontchartrain entra très jeune dans les affaires : dès 1600, il était secrétaire des commandements de la reine, Marie de Médicis; dix ans après, il devint secrétaire d'Etat.

Pontchartrain était doué d'un esprit très fin, et, après la mort de Henri IV, il aida la régente de ses conseils et prit part aux affaires les plus importantes du royaume.

Catholique fervent, il se signala surtout par un zèle ardent contre les huguenots.

En 1621, il suivit Louis XIII au siège de Montauban, y tomba malade, et fut transporté à Castelsarrasin où il mourut.

Pontchartrain a laissé des mémoires intéressants, écrits avec autant de simplicité que d'exactitude.

RIBIER. — Guillaume Ribier est né en 1578. Chargé de représenter son pays natal aux Etats-Généraux de 1614, il montra dans bien des circonstances une fermeté d'âme vraiment remarquable. On raconte que depuis longtemps les députés du Tiers-Etat sollicitaient une audience royale, qui leur était toujours refusée ; Ribier était parvenu à forcer la consigne et à introduire ses collègues jusque dans les appartements du roi Louis XIII quand survint le chancelier, qui, s'adressant à Ribier, lui dit : « Vous êtes lieutenant-général à Blois, et officier du roi ; prenez garde à vous. » Ces menaces n'empêchèrent pas Ribier de dire au roi beaucoup de choses hardies et généreuses.

Appelé à faire partie du conseil privé de Marie de Médicis, Guillaume Ribier obtint de la ville de Blois l'exemption de plusieurs impôts extraordinaires. C'est à Blois qu'il mourut en 1663, à l'âge de quatre-vingt-cinq ans, aimé et estimé de tout le monde.

IV. — HOMMES DE GUERRE

ROCHAMBEAU (Comte de). — Donatien de Vimeur, comte de Rochambeau, naquit à Vendôme en 1725. Dès l'âge de dix-sept ans, il embrassa la carrière des armes, et à vingt et un ans il était aide-de-camp du duc Louis-Philippe d'Orléans.

Très brave, très habile dans les manœuvres, le comte de Rochambeau fut nommé colonel en 1747, et prit une part très active aux sièges de Maëstricht et de Mahon ; le talent qu'il montra à la bataille de *Clostercamp*, dont il décida le succès, lui valut le grade de maréchal-de-camp.

Vingt ans après, Rochambeau, lieutenant-général des armées du roi, fut envoyé en Amérique avec six mille hommes; il battit les Anglais dans plusieurs rencontres, contribua puissamment à la prise de *York-Town* (19 octobre 1780), qui assura l'indépendance des États-Unis. Rochambeau reçut en récompense le cordon bleu et le gouvernement de la Picardie.

En 1789, il accepta hautement les principes nouveaux, qu'il voulait voir appliquer avec modération.

En 1791, le vieux soldat de Clostercamp, âgé de soixante-six ans, fut chargé du commandement de l'armée du Nord, avec le titre de maréchal; mais il ne put s'entendre avec Dumouriez, alors ministre de la guerre, et il quitta l'armée pour revenir à Vendôme.

Il y fut arrêté en 1793, et il aurait porté sa tête sur l'échafaud, si la réaction de Thermidor n'était venue lui sauver la vie et lui rendre la liberté.

Rochambeau vécut encore plus de dix ans; c'est en 1807, à l'âge de quatre-vingt-deux ans, que mourut ce vaillant homme de guerre qui avait soutenu si héroïquement dans les deux mondes l'honneur du drapeau français.

ROCHAMBEAU (Vicomte de). — Moins illustre que son père, Donatien-Marie-Joseph de Vimeur, vicomte de Rochambeau, rendit cependant de réels services à son pays en défendant nos colonies d'Amérique.

Né en 1750 à Rochambeau, il prit part avec son père à la guerre d'Amérique, fut fait maréchal-de-camp en 1791 et, un an après, en 1792, reçut le commandement des îles sous le Vent.

Après avoir soumis les noirs révoltés de *Saint-Domingue*, Rochambeau défendit la Martinique contre les royalistes unis aux Anglais; pendant quarante-neuf jours, du 4 février 1794 au 22 mars, enfermé dans Saint-Pierre avec une poignée de soldats, il put résister à une véritable armée de quatorze mille Anglais.

En 1796, gouverneur de Saint-Domingue, il dut encore lutter contre les Anglais; mais, n'ayant pu s'accorder avec les commissaires civils envoyés par le gouvernement, il quitta les Antilles pour revenir en France.

Le vicomte de Rochambeau fit partie de l'armée d'Italie pendant la campagne de 1800, et se signala à la prise du col de *Tende*; il obtint ensuite de retourner dans ces Antilles qui lui étaient si chères; en 1802, il rentra à Saint-Domingue; mais il fut fait prisonnier par les Anglais et les révoltés, et ne recouvra la liberté qu'en 1811.

Deux ans après, nous le retrouvons commandant une division pendant la campagne d'Allemagne; il se distingue à Bautzen, et trouve la mort sur le champ de bataille de *Leipzig*, où périrent tant de braves.

V. — HOMMES D'ÉGLISE

HILDEBERT. — Hildebert, philosophe et prélat français, est né à Lavardin en 1057.

Jeune encore, il fut mis à la tête de l'église cathédrale du Mans, et devint évêque de cette ville en 1096. A la suite de démêlés avec Guillaume-le-Roux, fils de Guillaume-le-Bâtard, Hildebert se rendit à Rome avec l'intention bien arrêtée de se démettre de son évêché; l'intervention du pape Pascal IV le fit revenir sur sa détermination; Hildebert resta au Mans, qu'il ne quitta que pour devenir archevêque de Tours.

Avec des œuvres théologiques assez importantes, Hildebert a laissé des lettres, des sermons et même des poésies. Tous ses écrits se distinguent par un style clair et élégant. Très érudit, il avait puisé dans la lecture des auteurs classiques des connaissances variées et une élévation de sentiments qu'on ne s'attendrait guère à rencontrer chez un évêque du xiie siècle.

CAYET. — Le théologien Cayet (Pierre-Victor-Palma) est né à Montrichard en 1525 et mort en 1610.

Après avoir suivi les leçons de Ramus, Cayet embrassa le protestantisme et devint prédicateur de Catherine de Bourbon. En 1595, il abjura la religion réformée, et à 75 ans il fut ordonné prêtre.

Il a laissé d'importants ouvrages de théologie et de controverse, et des chroniques ayant pour titre *Histoire du royaume de Navarre*.

MORIN (Jean). — Le théologien Jean Morin est né à Blois en 1591 et mort à Paris en 1659.

Issu d'une famille protestante, Jean Morin abjura le

protestantisme après un voyage en Hollande, et en 1618 entra chez les Oratoriens. La direction du collège d'Angers lui fut confiée. En 1625, il quitta la France, pour faire partie de la mission qui accompagnait en Angleterre la fille de Henri IV, Henriette de France, mariée au roi d'Angleterre Charles I*er*.

En 1640, Jean Morin se rendit à Rome pour prendre part aux discussions relatives à la réunion de l'église grecque et de l'église latine. Rentré en France, il se consacra à des travaux d'histoire et de critique sacrée, qui lui coûtèrent de nombreuses années de travail, des peines inouïes, et qui, en somme, eurent assez peu de succès.

JURIEU. — Le théologien protestant Pierre Jurieu est né à Mer en 1637 et mort à Rotterdam en 1713.

Jurieu se destina dès son jeune âge à la carrière ecclésiastique, à laquelle il se prépara par de fortes études en Hollande et en Angleterre. D'abord pasteur dans sa ville natale, il quitta ce poste pour aller en 1674 enseigner la théologie à Sedan. En 1681, Jurieu dut abandonner la France, après la publication de divers ouvrages dans lesquels il attaquait violemment le catholicisme, et il se réfugia à Rotterdam.

C'est dans cette ville qu'il soutint une lutte ardente contre Bossuet, Arnauld et Nicole; après la révocation de l'Edit de Nantes, il rendit de grands services aux réfugiés protestants, dont il prit la défense auprès de Guillaume d'Orange.

Pierre Jurieu a laissé de nombreux ouvrages, qui prouvent un grand savoir et sont écrits avec une facilité vraiment remarquable.

VI. — PERSONNAGES DIVERS

LOUIS XII. — Louis XII est assurément la plus grande illustration de la ville de Blois, où il est né en 1462. Il aima toujours le lieu de sa naissance, qui fut aussi le berceau de sa jeunesse.

Aussitôt après son sacre, il s'empressa d'accorder aux habitants de la ville de Blois une exemption perpétuelle de la taille et de l'impôt sur le vin. Grâce à l'affection de Louis XII pour sa ville natale, Blois acquit une grande importance ; les Valois y séjournèrent fréquemment, amenant avec eux toutes les notabilités du royaume ; de nouvelles constructions s'élevèrent ; de riches seigneurs bâtirent aux environs de Blois un grand nombre de châteaux, qui changèrent l'aspect du pays ; le commerce et l'industrie prirent un élan prodigieux.

Louis XII fut toujours en grande vénération dans le pays blaisois ; un de ses biographes raconte que s'il arrivait au roi d'aller par les champs, on accourait pour le voir des endroits les plus éloignés ; on lui jonchait les chemins de fleurs et de feuillage, et on essayait de faire toucher des mouchoirs à sa monture pour les garder comme de précieuses reliques.

La mort de Louis XII, en 1515, affligea profondément la population blaisoise, au sein de laquelle il avait vécu le plus souvent, et qu'il avait comblée de bienfaits.

CLAUDE DE FRANCE. — Fille de Louis XII et d'Anne de Bretagne, Claude de France est née à Romorantin en 1499 et morte à Blois en 1524.

En 1514, elle épousa son cousin François de Valois, comte d'Angoulême, depuis François Ier. Les États Généraux de Tours, en 1506, avaient exprimé le vœu de voir conclure ce mariage, qui assurait le maintien de l'intégrité du territoire. Claude de France apportait en effet en dot à son mari le duché de Bretagne, avec les comtés de Blois, de Coucy, de Montfort et d'Etampes. Claude de France était dépourvue d'agréments physiques, et elle boitait même un peu ; mais elle était si douce et si bonne, que le peuple, touché de sa vertu et de ses malheurs, la surnommait « la bonne reine. »

NEPVEU (Pierre). — Pierre Nepveu, dit Trinqueau, est un architecte du XVIe siècle, né à Blois. Il travailla aux châteaux d'Amboise et de Blois, sous Charles VIII et Louis XII, et on admet généralement que c'est lui qui construisit le château de Chambord, le plus beau monument du règne de François Ier. Il est désigné dans les mémoires du temps sous le nom de « Pierre Nepveu, « dit Trinqueau, maître de l'œuvre de maçonnerie du « bâtiment du château de Chambord. »

MOSNIER (Jean). — Le peintre Jean Mosnier est né à Blois en 1600; il y mourut en 1656.

Jean Mosnier appartenait à une famille de peintres sur verre, et son père fut son premier maître en peinture. Une copie bien réussie qu'il fit de la *Vierge au coussin vert*, d'Andréa Salari, attira sur lui l'attention de la cour, et lui valut, avec la protection de Marie de Médicis, une pension qui lui permit d'aller en Italie étudier les chefs-d'œuvre de l'art. Il y resta 8 ans et y entra en relations avec Le Poussin, dont les conseils lui furent souvent très précieux.

De retour en France, Jean Mosnier orna le Luxembourg de treize tableaux décoratifs, qui firent sa réputation. La faveur dont jouissait son rival, Philippe de Champagne, le rendit envieux; il quitta la capitale pour revenir d'abord à Chartres, puis à Blois, sa ville natale. C'est là qu'il termina sa carrière, en donnant de nombreux tableaux, qui ornent aujourd'hui les villes et les châteaux de la Touraine; ceux de Valençay et de Cheverny en possèdent plusieurs, qu'on estime beaucoup.

BERNIER. — Jean Bernier, médecin, est né à Blois en 1622 et mort à Paris en 1698.

Après avoir pendant 20 années exercé la médecine dans sa ville natale, Bernier devint conseiller ordinaire et médecin de la duchesse douairière d'Orléans.

On lui doit une *Histoire de Blois*, de 1682, présentant un certain intérêt, des *Essais de médecine*, et un ouvrage ayant pour titre *Jugement et nouvelles réflexions sur les œuvres de Rabelais*, publié en 1697.

Assez érudit, Jean Bernier était peu aimé de ses contemporains, qui lui reprochaient son esprit chagrin, naturellement porté à l'envie, et son verbiage satirique.

CHARPENTIER. — Le célèbre inventeur Charpentier est né à Blois en 1734.

En burinant le cuivre, il découvrit le moyen de graver au lavis et en couleur; il exécuta la *Décollation de Saint-Jean-Baptiste*, et beaucoup d'autres œuvres dans lesquelles, à part le mérite du procédé, on trouve un talent véritable.

Charpentier reçut le titre de mécanicien du roi; on

lui doit une machine à forer les métaux et une autre qui pouvait percer en même temps six canons de fusil.

Louis XVI voulut le combler d'honneurs et de fortune; mais la modestie de Charpentier lui fit refuser toutes les faveurs, comme son patriotisme lui fit résister aux demandes des Anglais, qui cherchaient à l'attirer chez eux.

Charpentier mourut à Paris en 1817, pauvre, presque ignoré, après avoir été toute sa vie exploité par les fabricants auxquels il avait donné sa confiance.

FAVRAS (marquis de). — C'est une étrange histoire que celle de ce marquis de Favras (Thomas de Mahy) dont un hameau du département, Favras, commune de Feings, porte encore le nom.

Né à Blois le 26 mars 1744, le marquis de Favras était ambitieux, entreprenant, mais superficiel; pendant la plus grande partie de sa vie, il s'épuisa en combinaisons pour trouver la fortune, et fut un de ces hommes à projets qui consument leur existence à poursuivre des idées chimériques.

Il avait échoué dans toutes ses entreprises, quand, à la fin de 1789, d'accord avec le comte de Provence (plus tard Louis XVIII), il tenta, a-t-on prétendu, d'organiser une immense conspiration, qui devait s'étendre sur tout l'Est de la France, et opérer une contre-révolution par l'enlèvement du roi, l'assassinat de Bailly et de La Fayette. Il y avait probablement de l'exagération dans ces accusations; quoi qu'il en fût, le marquis de Favras, abandonné de ses puissants amis, fut jugé par le Châtelet et condamné comme conspirateur à être pendu sur la place de Grève. Telle fut la fin de ce malheureux, qui était certainement digne d'un meilleur sort.

FIN

TABLE ALPHABÉTIQUE

DES PERSONNAGES REMARQUABLES DE LOIR-ET-CHER

	Pages		Pages
Amboise (Gorges d').	19	Morin.	24
Bschet.	15	Morvillers (de).	20
Bernier.	27	Mosnier.	27
Cayet.	24	Nepveu.	26
Charpentier.	27	Papin.	17
Cheverny (de).	21	Pardessus.	18
Claude de France.	26	Pierre de Blois.	11
Dupont.	16	Pontchartrain (de).	21
Favras (de).	28	Reneaulme.	16
Hildebert.	24	Ribier.	22
Johanneau.	18	Robertet.	20
Jurieu.	25	Rochambeau (Comte de).	22
La Saussaye (de).	18	Rochambeau (Vicomte de).	23
Lenoir.	17	Ronsard.	12
Louis XII.	25	Thierry (Amédée).	14
Matthieu de Vendôme.	11	Thierry (Augustin).	13

ÉMILE COLIN. — Imprimerie de Lagny.

www.ingramcontent.com/pod-product-compliance
Lightning Source LLC
Chambersburg PA
CBHW060617050426
42451CB00012B/2302